1 - Premier match

Scénario Mathieu MARIOLLE

Dessin Philippe CARDONA

Couleurs B-KAM

Soleil

D'après la série Foot 2 Rue, librement inspirée d'un roman de Stefano Benni.
Conçue et produite par Philippe Alessandri et Giorgio Welter.
Réalisée par Bruno Bligoux et Stéphane Roux.
Écrit par Françoise Charpiat, Serge Rosenzweig et Marco Beretta.

www.foot2rue.net

Soleil Productions
15, Boulevard de Strasbourg
83000 Toulon - France

Bureaux parisiens
25, Rue Titon - 75011 Paris - France

Réalisation graphique : Studio Soleil

Dépôt légal : Juin 2009 - ISBN : 978 - 2 - 30200 - 775 - 8

Impression : PPO Graphic - Palaiseau - France

TEK ! ELLE EST POUR TOI !

NO ! À TOI !
GABRIEL ! TU TIRES !
TONI, ACCROCHE-TOI AU BÉTON, ÇA VA DÉMÉNAGER !

VAS-Y, JE L'ATTENDS DE PIED FERME, TON TIR DE GONZESSE !
CHOP
JE LE SAVAIS...
T'AS DE LA PURÉE DANS LES PIEOOOMFS !
BUNK
OH NON ! PAS MES AFFAIRES !
T'ES LOURD, TONI ! QUAND TU ARRÊTES UN TIR, ARRÊTE-LE VRAIMENT, QUOI !
OUAIS, C'EST ÇA, MARREZ-VOUS ! MAIS C'EST PAS DU FOOT, ÇA ! C'EST DU N'IMPORTE QUOI !
PIXIE

REGARDEZ-MOI ÇA ! ON PEUT PAS JOUER AU FOOT AVEC UN BALLON PAREIL ! ON A L'AIR DE VRAIS BOUFFONS !
TU ES BIEN CONTENT DE LE TROUVER À LA RÉCRÉ, MON BALLON DE BOUFFON, PAS VRAI ?
DRIIIIIIIIIINNN
OUAAIIS !!!!
UN JOUR, JE VOUS MONTRERAI CE QUE C'EST QU'UN VRAI BALLON DE FOOT !
HÉ, NO ! ON S'EN FAIT ENCORE UNE PETITE ?
DÉSOLÉ TAG, MAIS PAS CE SOIR, NON !
POUR UNE FOIS QUE LES PARENTS ONT LE TEMPS DE NOUS PRENDRE LE DIMANCHE !
ON VEUT PAS RATER ÇA !

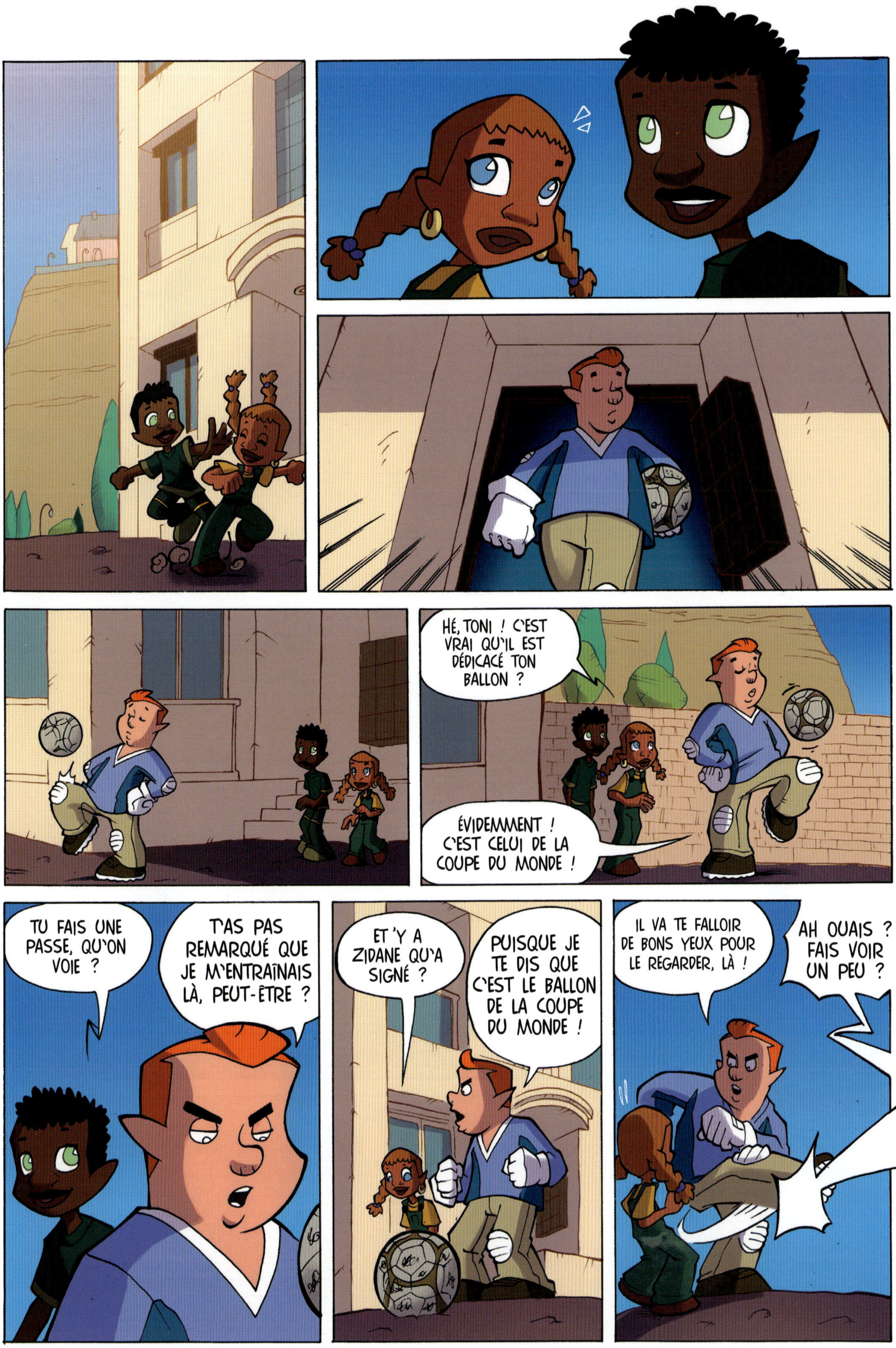
HÉ, TONI ! C'EST VRAI QU'IL EST DÉDICACÉ TON BALLON ?
ÉVIDEMMENT ! C'EST CELUI DE LA COUPE DU MONDE !
TU FAIS UNE PASSE, QU'ON VOIE ?
T'AS PAS REMARQUÉ QUE JE M'ENTRAÎNAIS LÀ, PEUT-ÊTRE ?
ET Y A ZIDANE QU'A SIGNÉ ?
PUISQUE JE TE DIS QUE C'EST LE BALLON DE LA COUPE DU MONDE !
IL VA TE FALLOIR DE BONS YEUX POUR LE REGARDER, LÀ !
AH OUAIS ? FAIS VOIR UN PEU ?

CHOP
MAIS C'EST QU'IL A RAISON !
'Y A BIEN ZIDANE !
REGARDE ÇA, CARTOON !
HÉ, LES GARS ! RENDEZ-MOI MON BALLON, QUOI !
DOUCEMENT, TOI ! TU VOIS PAS QUE CARTOON EST EN TRAIN DE LIRE ? ET ÇA LUI PREND DU TEMPS !
T'AS VU JUSTE, COUD'BOULE ! 'Y A BIEN ZIDANE !
... ET BOUM !
MAIS C'EST MON BALLON !
"C'ÉTAIT".
ILS ONT PRIS TON BALLON, TONI !
TU VAS PAS LES LAISSER FAIRE, DIS, TONI ?!?

LE FOOT, C'EST QUAND MÊME MOINS DRÔLE SANS TOUS LES COPAINS...
C'EST VRAI... MAIS MÊME TOUT SEUL, J'AIME TOUJOURS CE CONTACT AVEC LE BALLON.
ÇA ME RAPPELLE MON PÈRE, C'EST LUI QUI M'A APPRIS À JOUER.
C'EST COMME SI CHAQUE COUP DANS UN BALLON ME RAPPROCHAIT DE LUI, PEU IMPORTE QU'IL SOIT LOIN ET QUE JE RESTE À L'INSTITUT POUR LE WEEK-END.
MAIS QU'EST-CE QUE VOUS ATTENDEZ POUR FAIRE UNE DE VOS PARTIES DE FOOT, TOUS LES DEUX ?!? VOUS AVEZ TOUTE LA COUR POUR VOUS TOUT SEULS, PROFITEZ-EN !
HEU, OUI M' DAME !
TOUT DE SUITE, M' DAME !
LES PAUVRES PETITS.
CE N'EST PAS DRÔLE POUR EUX...

ALORS, ON SE FAIT UN PETIT UN CONTRE UN ?
TU SAIS TRÈS BIEN QUE J'AIME PAS TROP CE GENRE DE DUEL...
ET TU DOIS T'EN SOUVENIR !
CACHE-TOI, ELLE VA FAIRE MAL, CELLE-LÀ !
POUSS

ÇA, C'EST BIEN ENVOYÉ.
PASS
EH BEN, VOILÀ ENFIN UN JOUEUR INTÉRESSANT À AFFRONTER.
ÇA VA NOUS FAIRE UN BEAU DUEL, ÇA !
LES MATCHS UN CONTRE UN, C'EST PAS POUR MOI. JE PRÉFÈRE QU'ON JOUE TOUS ENSEMBLE.
D'AILLEURS, J'AIMERAIS BIEN ÊTRE DANS LA MÊME ÉQUIPE QUE TOI.
CE SERAIT RIDICULE, JE GAGNE DÉJÀ À MOI TOUT SEUL.
OUI, MAIS LÀ, TU SERAS OBLIGÉ DE ME FAIRE DES PASSES. CE SERA ÇA LE VRAI DÉFI POUR TOI.

OUIIII !!
ÇA VA ÊTRE AMUSANT ÇA, TAG ET LE NOUVEAU CONTRE TOUT LE MONDE !!
MOI, C'EST GABRIEL.
TU ES PRÊT?
NON, C'EST RIDICULE COMME MATCH. C'EST CONTRE TOI QUE JE VEUX JOUER.
TANT PIS.
C'EST PARTI !
BOT
SHOOT
TAG, ELLE EST POUR TOI !
PUISQUE TU NE VEUX PAS FAIRE DE PETIT MATCH CONTRE MOI, IL FAUT BIEN QUE JE TROUVE UN MOYEN D'ÉVALUER TON NIVEAU.

SHOOT
CELLE-LÀ, ON VA VOIR SI TU ARRIVES À LA RATTRAPER !
JE L'AI !
BUNK
ÇA VA ?
TU T'ES PAS FAIT MAL ?
ÇA IRA. IL VA JUSTE ME FALLOIR UNE PROTHÈSE DES FESSES.
JE SUIS DÉSOLÉ.
T'INQUIÈTE, ÇA FAIT PARTIE DU JEU.
OUAIS, MAIS JE DEVRAIS PAS ÊTRE AUSSI COMPÉTITIF, J'AI FAILLI GÂCHER LE MATCH À CAUSE DE ÇA.
C'EST PAS GRAVE... MOI C'EST LE CONTRAIRE, J'AI DU MAL À ME DIRE QU'ON PEUT ALLIER FUN ET COMPÉTITION.
EN TOUT CAS, MAINTENANT JE SAIS QUE T'ES PAS UN LÂCHE.
QUE T'ES UN VRAI JOUEUR !

IL EN MET DU TEMPS POUR LA BAGARRE, TONI !
SÛR QU'IL A LA TROUILLE !
ALORS, C'EST D'ACCORD ? DEMAIN 2 HEURES PRÉCISES, DERRIÈRE LE GRAND HANGAR DU PORT, ET JE TE DONNE UNE CHANCE DE REGAGNER TON BALLON...
OUI... MERCI, COUD'BOULE...
ATTENDS, BONHOMME ! PAS SÛR QUE DEMAIN TU AIES ENVIE DE ME DIRE MERCI PARCE QUE... ÇA SERA UN DUEL À MORT !
EXPLIQUE-LUI, CARTOON.
J'EXPLIQUE !
SÉRIE DE TROIS TIRS AU BUT...
TCHAC !
TCHAC !
ET TCHAC !
VU ?

DEUX "HOMMES" EN ATTAQUE...
ZBOÏNG !
ET ZBOÏNG !
VU ?
UN SEUL "HOMME" DANS LES BUTS...
TCHOUF !
VU ?
EN CAS D'ÉGALITÉ, ON REMET ÇA JUSQU'À CE QUE...
PAF !
UN MORT ! VU ?
GLUP.
HEU...
V-V-V-VU...
DEMAIN, DEUX HEURES, AU PORT ! NE TE DÉGONFLE PAS !
POUR LE GOAL, JE M'EN CHARGE. MAIS POUR L'ATTAQUE, IL ME FAUT DES VRAIS TIREURS D'ÉLITE...
SINON...
BYE-BYE, MON BALLON !
LES FRÈRES TEKNO ! 'YA PAS MEILLEURS QU'EUX !
WOUAAAH ! T'AS ENTENDU ? ÇA VA CHAUFFER !
TU M'ÉTONNES ! VA MÊME Y AVOIR DES TIREURS D'ÉLITE !

DÉSOLÉ, LES GARÇONS...
MAIS JE CROIS QUE VOS PARENTS ONT ENCORE DÛ AVOIR UN EMPÊCHEMENT...
COMME JE LE DIS TROP SOUVENT, VIVEMENT LUNDI QU'ON SOIT ASSEZ POUR UNE VRAIE PARTIE...
OOOH, TAG ! REGARDE !

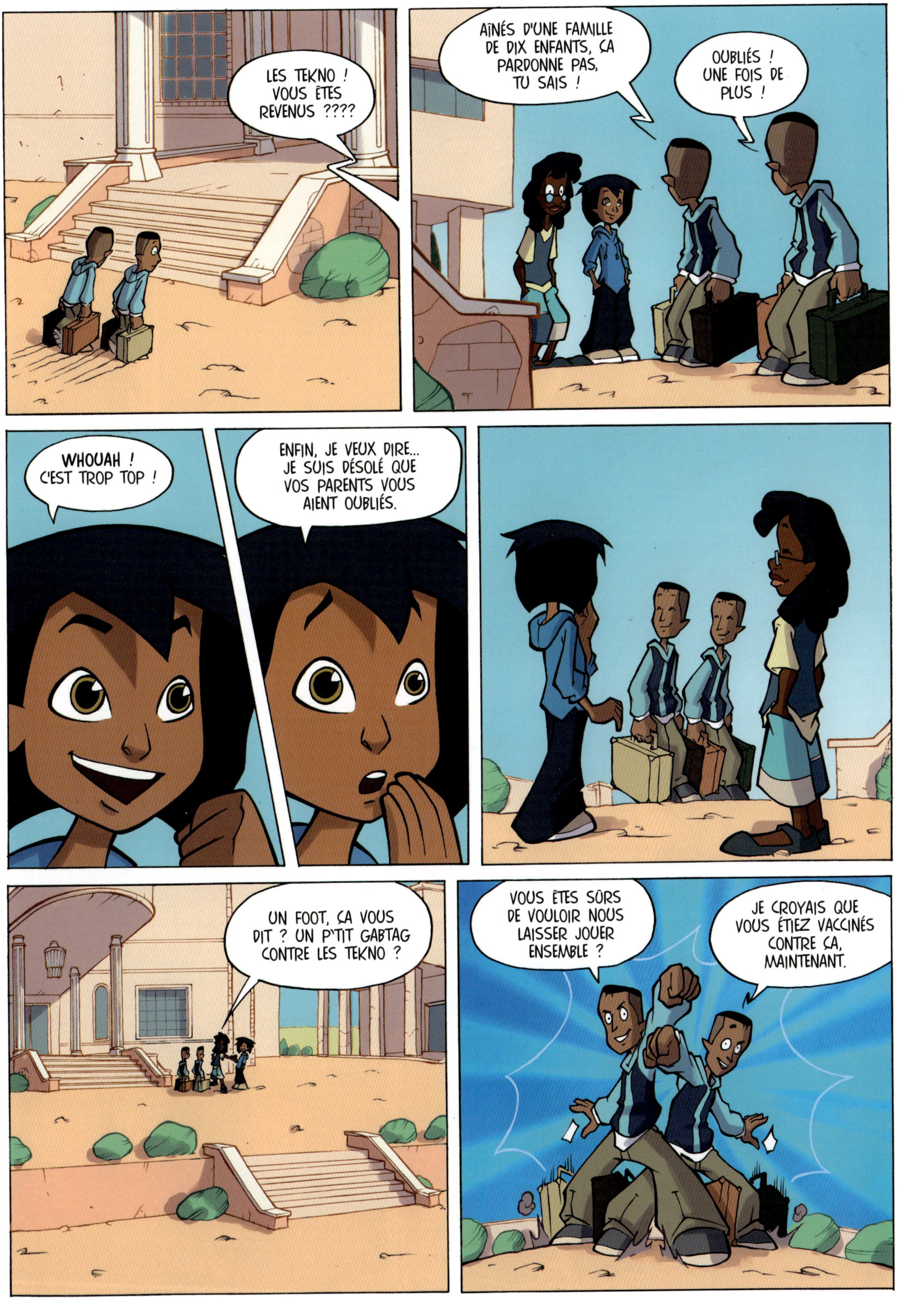
LES TEKNO ! VOUS ÊTES REVENUS ????
AÎNÉS D'UNE FAMILLE DE DIX ENFANTS, ÇA PARDONNE PAS, TU SAIS !
OUBLIÉS ! UNE FOIS DE PLUS !
WHOUAH ! C'EST TROP TOP !
ENFIN, JE VEUX DIRE... JE SUIS DÉSOLÉ QUE VOS PARENTS VOUS AIENT OUBLIÉS.
UN FOOT, ÇA VOUS DIT ? UN P'TIT GABTAG CONTRE LES TEKNO ?
VOUS ÊTES SÛRS DE VOULOIR NOUS LAISSER JOUER ENSEMBLE ?
JE CROYAIS QUE VOUS ÉTIEZ VACCINÉS CONTRE ÇA, MAINTENANT.

ARRÊTE-LA CELLE-LÀ POUR VOIR !
HEIN ?
DÉSOLÉ, ÇA ME SEMBLAIT DÉSÉQUILIBRÉ. JE PEUX JOUER AVEC VOUS ?
TU NE SAIS PAS QUE ÇA NE SE FAIT PAS D'INTERVENIR PENDANT UNE PARTIE ?
TANT PIS, ALORS.
DE TOUTE FAÇON, JE SUIS EN RETARD. DÉSOLÉ.
AÏE, NO DOIT DÉJÀ SAVOIR QUE JE SUIS EN RETARD.
IL EST PAS GÊNÉ, LUI.
DOMMAGE QUE TU NE LUI AIES PAS MONTRÉ QUI EST LE PATRON.

BUNK
J'ESPÈRE. LA PROCHAINE FOIS, REGARDE OÙ TU VISES, OU ALORS JE SERAI OBLIGÉ DE T'APPRENDRE.
QUAND ON NE SAIT PAS VISER, ON JOUE AVEC DE VRAIS PARTENAIRES !
ON N'ESSAYE PAS D'ASSOMMER LES PASSANTS.
DÉSOLÉ.
JE L'AI PAS FAIT EXPRÈS.
HAN...
HAN...
DÉSOLÉ, NO. J'AVAIS UNE URGENCE BALLON.

LE LENDEMAIN...
?
MAIS C'EST NOTRE GARDIEN SURPRISE...
J'ESPÈRE QU'AUJOURD'HUI TU NE DOIS PAS FILER EN LÂCHE, QUE JE PUISSE T'APPRENDRE À TE MOQUER DE MOI !
EUH...
CONTRE MOI, TU ES SÛR ?
OH QUE OUI !
C'EST GENTIL DE M'AVOIR CHAUFFÉ LA PLACE, TAG.
MAIS MAINTENANT, JE CROIS QUE JE PEUX M'OCCUPER DE CE PLAISANTIN.
HEIN ? MAIS POURQUOI TU VOUDRAIS JOUER CONTRE LUI ?
PARCE QU'IL M'A RUINÉ UN LIVRE AUQUEL JE TENAIS BEAUCOUP.
ET MOI IL M'A PRIVÉ D'UN SUPER BUT CONTRE TONI. ALORS ATTENDS TON TOUR !
NO ! LA PASSE !

HEIN ?
CHACUN LE SIEN !
BONNE IDÉE, MAIS LEQUEL EST À QUI ?
PEU IMPORTE, ON Y VA !
AAAH !
ELLE EST POUR TOI, NO !
COMME ÇA, C'EST RÉGLÉ !
ALORS, QUI EST QUI ? LEQUEL NOIE DES LIVRES, ET LEQUEL ÉVITE DES HUMILIATIONS À CE PAUVRE TONI ?
MOI C'EST NO. DÉSOLÉ POUR LE LIVRE.
MOI C'EST TEK. DÉSOLÉ POUR LE BUT.
ET DÉSOLÉ, NO. PROMIS, LA PROCHAINE FOIS J'ARRIVE À L'HEURE.
PROMIS, LA PROCHAINE FOIS, VOUS JOUEZ TOUS LES DEUX DANS NOTRE ÉQUIPE.
VOUS AVEZ INTÉRÊT ! J'AI DÉJÀ PLEIN D'IDÉES DE STRATÉGIE POUR UTILISER VOTRE RESSEMBLANCE.

GABRIEL !
ZWIIP

OOOH...
NON !
CLENG
CLENG
CLENG
CLENG
CLENG
CLENG
CLENG
CLENG
CLENG
CLENG
BOT
BOING
CLENG

BON SANG, ILS SONT VRAIMENT DOUÉS !
MAIS FAUDRAIT PAS TENTER LE DIABLE, QUAND MÊME !
ALORS ?
ELLES SONT DÉBARRASSÉES, CES TABLES ?
TOUT EST NICKEL, M'SIEUR !
BEN... EUH...
C'EST PAS GRAVE... MERCI M'DAME...
ET EXCUSEZ POUR LE DÉRANGEMENT !
CLICK
ILS SONT RESTÉS À L'INSTITUT !
CETTE FOIS, JE SUIS MORT.

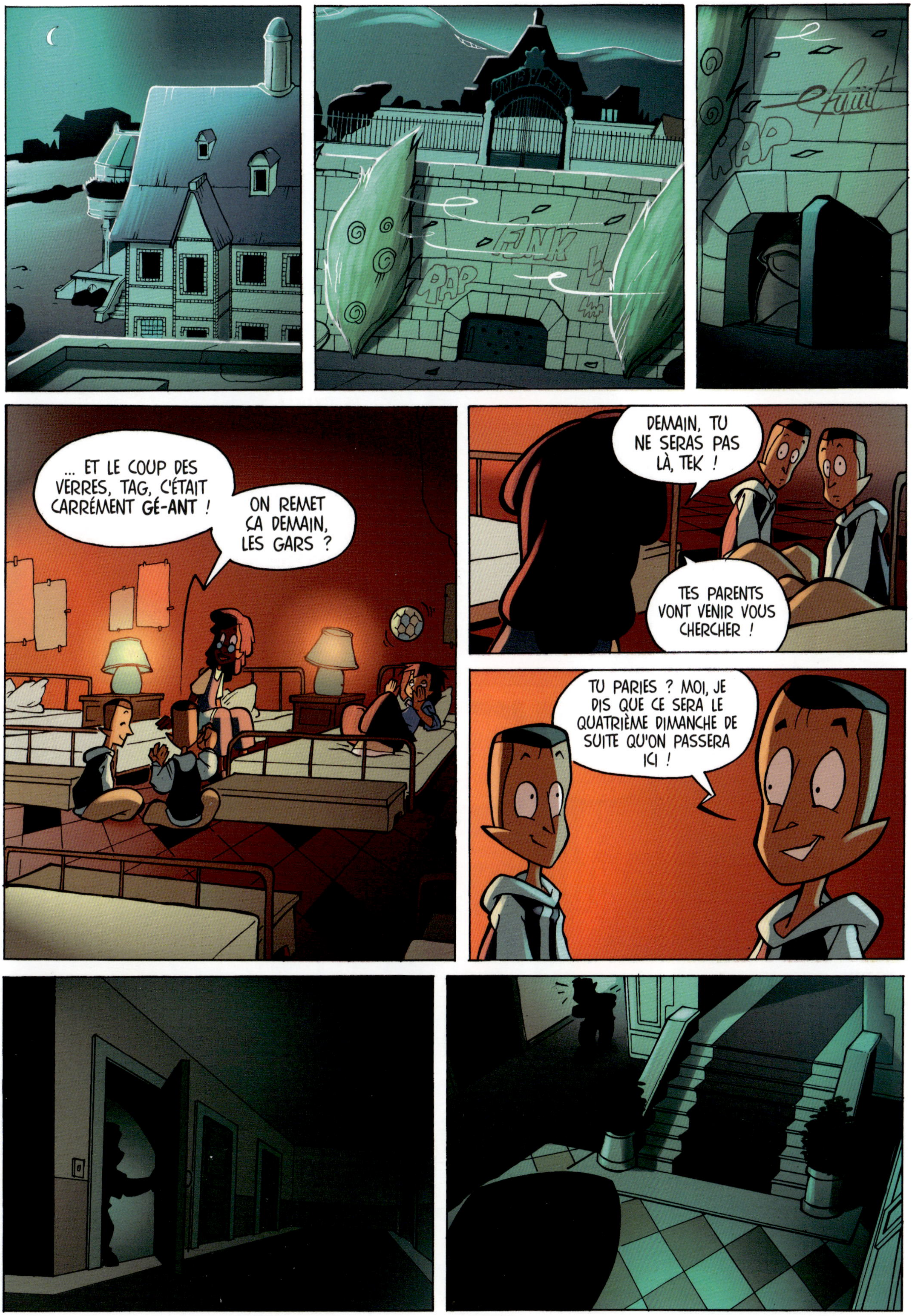
... ET LE COUP DES VERRES, TAG, C'ÉTAIT CARRÉMENT GÉ-ANT !
ON REMET ÇA DEMAIN, LES GARS ?
DEMAIN, TU NE SERAS PAS LÀ, TEK !
TES PARENTS VONT VENIR VOUS CHERCHER !
TU PARIES ? MOI, JE DIS QUE CE SERA LE QUATRIÈME DIMANCHE DE SUITE QU'ON PASSERA ICI !

MOI, MA MÈRE, JE LA VOIS QU'AUX VACANCES !
ET ENCORE, PAS TOUTES !
L' AFRIQUE POUR MA MÈRE, L' ASIE POUR MON PÈRE !
DE TOUTE FAÇON, C'EST LOIN !
"MA MÈRE EST LOIN ! MES PARENTS NOUS OUBLIENT !" VOUS VOULEZ QUE JE VOUS DISE UN TRUC, LES MECS ? MOI, JE ME DÉBROUILLE TRÈS BIEN SANS !
COMME ÇA, AU MOINS...
CRIIII
ALERTE ROUGE, LES GARS !
CLICK

EEEH...
PSSST !
TONI ?
C'EST TOI ?!
T'ES FOU !?
ON A CRU QUE C'ÉTAIT LA ZELLE, NOUS !
C'EST BIEN PLUS GRAVE QUE ÇA !
'Y A RIEN DE PLUS GRAVE QUE LA ZELLE ADÉLAÏDE, MEC !
ALLEZ, RACONTE !
SLAM
?

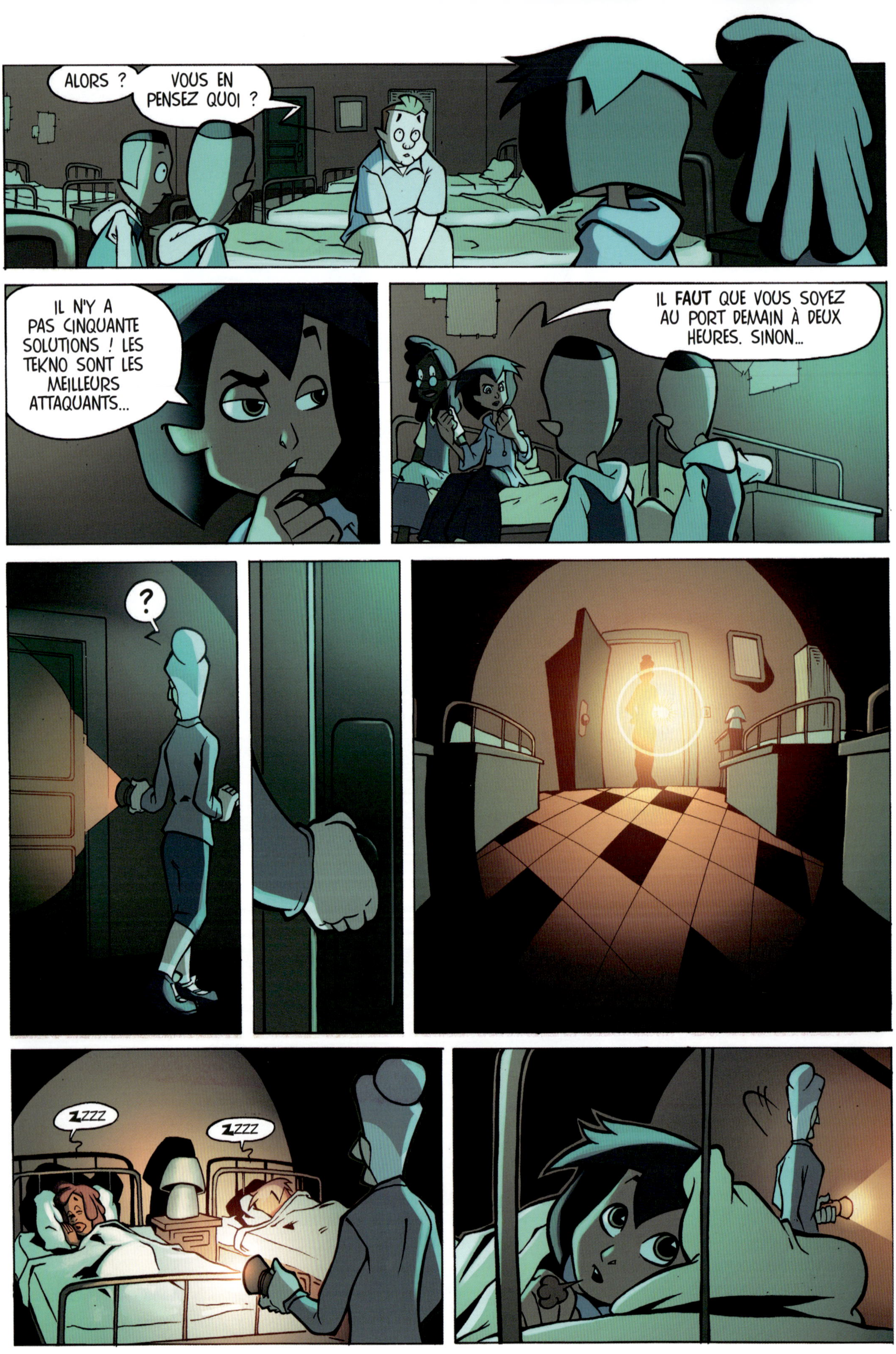

ALORS ?
VOUS EN PENSEZ QUOI ?
IL N'Y A PAS CINQUANTE SOLUTIONS ! LES TEKNO SONT LES MEILLEURS ATTAQUANTS...
IL **FAUT** QUE VOUS SOYEZ AU PORT DEMAIN À DEUX HEURES. SINON...
?
ZZZZ
ZZZZ

CLAC
C'EST BON... FIN D'ALERTE !
CLICK
VOUS ÊTES SÛRS ?
ET COMMENT JE FAIS POUR RENTRER CHEZ MOI ? HEIN ? PAS QUESTION QUE JE REPASSE DEVANT SA CHAMBRE, MOI !
EH BIEN, PAR LA FENÊTRE !
T'ES FOU, TAG ?!? 'Y A **DEUX ÉTAGES** !!!!
T'INQUIÈTE, ON VA T'AIDER... COMME D'HAB !

J'ESPÈRE QUE TONI VA ARRÊTER DE FLIPPER, QUAND MÊME !
TAK
HEIN ?! C'EST QUOI CE BRUIT ?!
CLIGNE
VOUS AVEZ JAMAIS ENTENDU CETTE HISTOIRE, À PROPOS D'UN ANCIEN ÉLÈVE ICI, QUI ADORAIT LE FOOT ?
SI SI, IL ÉTAIT PENSIONNAIRE COMME NOUS. LA ZELLE ÉTAIT DÉJÀ LÀ, MAIS ELLE ÉTAIT PAS ENCORE AUSSI VIEILLE ET FRIPÉE, C'EST ELLE QUI AVAIT RETROUVÉ SON CORPS DANS LE GRENIER...
ON DIT QUE SON FANTÔME EST RESTÉ LÀ-HAUT. ET QUE CHAQUE NUIT OÙ IL SE SENT SEUL, IL JOUE EN ATTENDANT QUE DES ÉLÈVES LE REJOIGNENT...

ÇA VOUS DIT, UNE PETITE PARTIE NOCTURNE ?
EUH... JE SUIS PAS SÛR QUE CE SOIT UNE BONNE IDÉE.
IL EST DÉJÀ TARD... ET FAUT QU'ON GARDE DES FORCES POUR LE DUEL DE TONI.
ALLEZ, ON Y VA, ÇA VA ÊTRE DRÔLE. NE ME DITES PAS QUE VOUS AVEZ PEUR...
C'EST PAS ÇA ! ON A PAS PEUR !
NOUS, ON A PEUR QUE DE LA ZELLE...
WOW, C'EST IMMENSE ICI. ÇA FERAIT UN TERRAIN PARFAIT !
ÇA TOMBE BIEN QUE TU DISES ÇA, J'AI UN BALLON !
CORNER
EUH...
VOUS ÊTES SÛRS ?

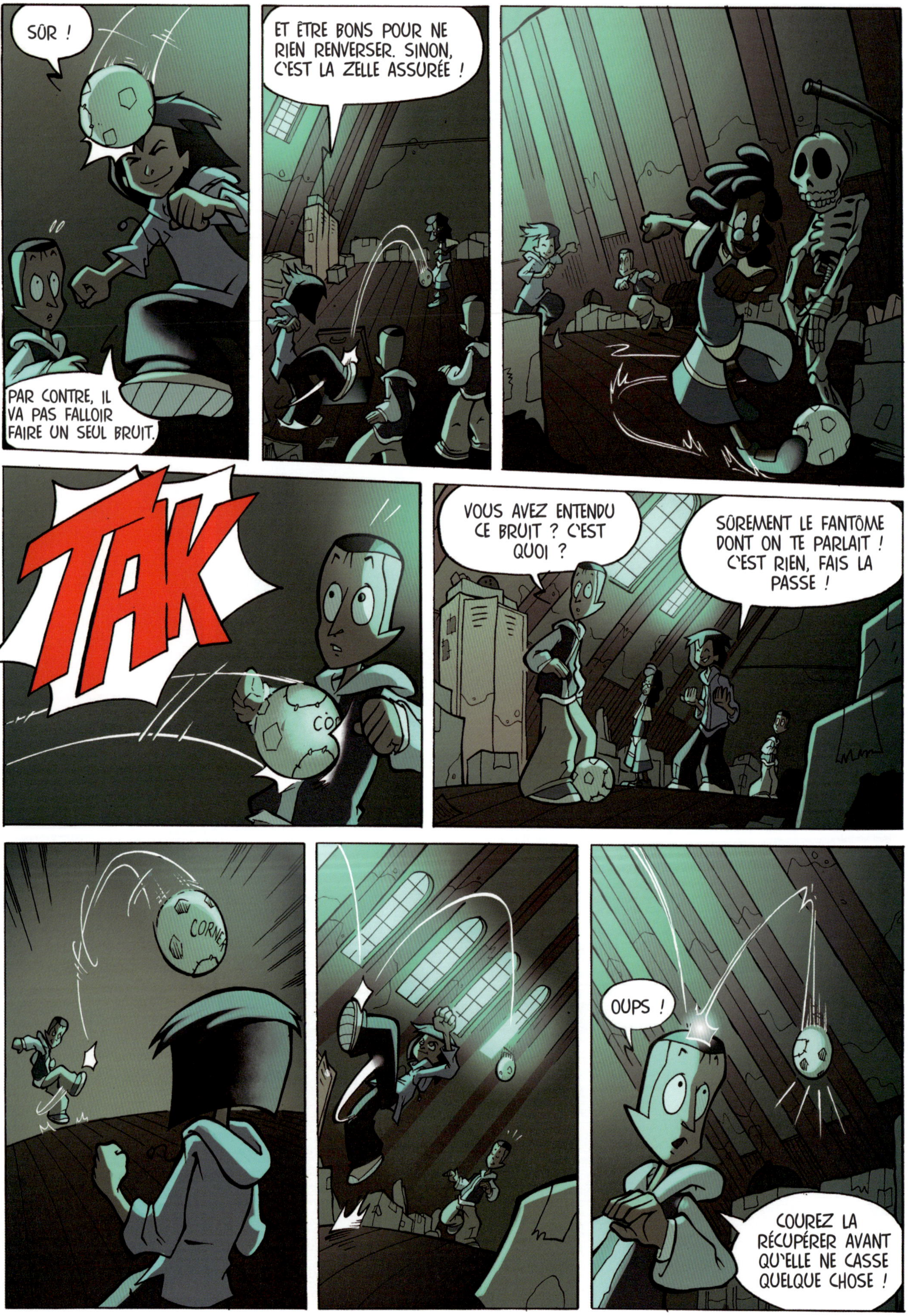
SÛR !
PAR CONTRE, IL VA PAS FALLOIR FAIRE UN SEUL BRUIT.
ET ÊTRE BONS POUR NE RIEN RENVERSER. SINON, C'EST LA ZELLE ASSURÉE !
TAK
VOUS AVEZ ENTENDU CE BRUIT ? C'EST QUOI ?
SÛREMENT LE FANTÔME DONT ON TE PARLAIT ! C'EST RIEN, FAIS LA PASSE !
CORNER
OUPS !
COUREZ LA RÉCUPÉRER AVANT QU'ELLE NE CASSE QUELQUE CHOSE !

J'ESPÈRE QUE LA ZELLE NOUS A PAS ENTENDUS.
CLAC

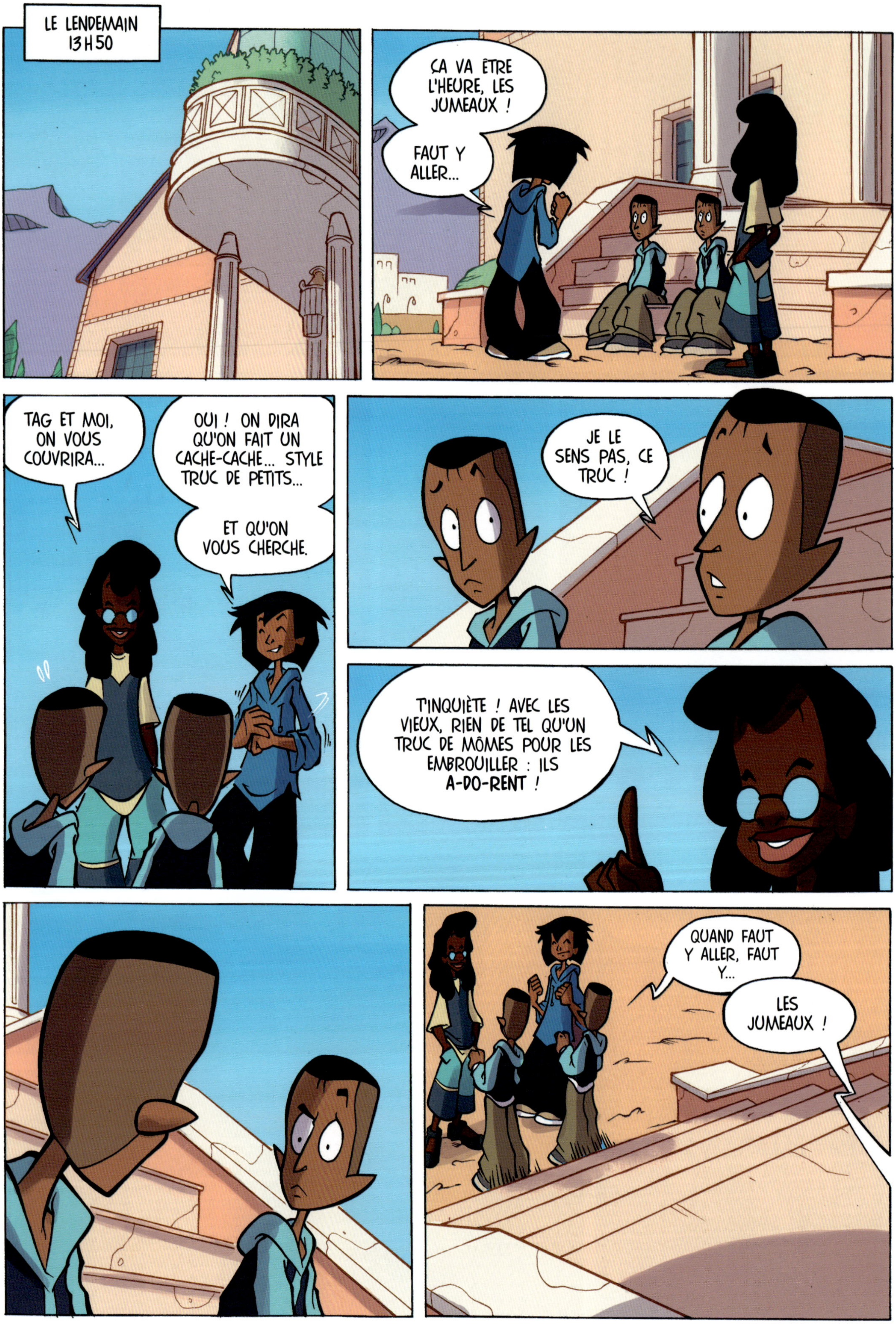
LE LENDEMAIN 13H50
ÇA VA ÊTRE L'HEURE, LES JUMEAUX !
FAUT Y ALLER...
TAG ET MOI, ON VOUS COUVRIRA...
OUI ! ON DIRA QU'ON FAIT UN CACHE-CACHE... STYLE TRUC DE PETITS...
ET QU'ON VOUS CHERCHE.
JE LE SENS PAS, CE TRUC !
T'INQUIÈTE ! AVEC LES VIEUX, RIEN DE TEL QU'UN TRUC DE MÔMES POUR LES EMBROUILLER : ILS **A-DO-RENT** !
QUAND FAUT Y ALLER, FAUT Y...
LES JUMEAUX !

SURPRISE ! VOS PARENTS SONT PASSÉS DÉPOSER QUELQUES-UNS DE VOS FRÈRES ET SŒURS POUR VENIR JOUER AVEC VOUS... VOUS ÊTES CONTENTS ?
OUI...
MAM'ZELLE ADÉLAÏDE...
JE T'AVAIS DIT QUE JE LE SENTAIS PAS !
GABRIEL, C'EST TOI LE CERVEAU : IL FAUT TROUVER UN PLAN B !

DEFENSE D'ENTRER
BON, ALORS ? TU DÉCLARES FORFAIT OU PAS ?
NON ! NON ! ILS VONT VENIR ! J'TE JURE !
C'EST EUX TES GÉNIES ?
AH AH !
GABRIEL ?!
TAG ?!
MAIS...
MAIS...
ALORS COMME ÇA, C'EST TOI QUI FAIS DU RACKET ?
DE QU...
DU RACKET ?!!

REQUIN !
?
DEUX MEMBRES DE MON ÉQUIPE, L'ÉQUIPE DES REQUINS DU PORT, FERAIENT DU RACKET ?!?
NON ! MAIS NON, REQUIN, ATTENDS... C'EST PAS ÇA ! EXPLIQUE-LUI, CARTOON...
C'EST À QUI, CE BALLON ?
ET VOUS DEUX, VOUS ÊTES LÀ POUR QUOI ?
POUR LE DUEL !
VOUS AVEZ ESSAYÉ DE LEUR ARNAQUER LEUR BALLON, AVOUEZ.

VOUS N'ÊTES PAS OBLIGÉS, VOUS SAVEZ...
C'EST DU FOOT, LES GARS ! ON NE VA PAS AVOIR PEUR, QUAND MÊME ?!?
ON LE FAIT, VOTRE DUEL... MAIS POUR LE SPORT ! PARCE QUE LE BALLON, MOI, JE M'EN FICHE !
QUOI ?!
ÉQUIPE COUD' BOULE : PREMIÈRE ATTAQUE !

J' M'APPELLE COUD'BOULE !
T'AS COMPRIS POURQUOI ?
AH AH AH !
HÉ ! C'EST QUOI TON NOM ?
TAG.
ÉQUIPE TAG : PREMIÈRE ATTAQUE !

TAG ! DEUXIÈME MOITIÉ DE LA CINQUIÈME POUTRE TRANSVERSALE...
VOUSH

ET MOI, JE M'APPELLE GABRIEL...
T'IMPRIMES ?
ÉQUIPE COUD' BOULE : DEUXIÈME ATTAQUE !
FAIS GAFFE, ILS VONT **T'EMBROUILLER** EN CHANGEANT DE TIREUR !
SHOOT

T'AVAIS DEVINÉ ?
ÉQUIPE TAG : DEUXIÈME ATTAQUE !
WUUUUUUUUUUUUUU
ON DÉGAGE !
?

QU'EST-CE QUE VOUS FAITES LÀ ?
VOUS NE SAVEZ PAS LIRE ? C'EST **INTERDIT** !
BEN EUH...
NON, M'SIEUR... ON SAVAIT PAS...
HMM...
VOUS N'ÊTES PAS DU QUARTIER, VOUS, HEIN ?
ALORS, OÙ SONT LES AUTRES ?
TOUTE LA BANDE QUI TRAÎNE DANS LE PORT, HEIN ?
'Y A QUE NOUS ICI, M'SIEUR.
ALLEZ **CIRCULEZ** ! ET N'OUBLIEZ PAS : JE NE VEUX PLUS VOUS VOIR ICI ! **COMPRIS** ?
HMMM... FAUDRA QUE JE LES AIE À L'ŒIL, CEUX-LÀ AUSSI....

ON N'A PAS FINI LE DUEL, MAIS VOUS AVEZ PROUVÉ QUE VOUS AVEZ **LA MENTALE**, TOUS LES DEUX !
LA **MENTALE** ?
OUI, *LA MENTALE* DU **FOOT DE RUE** ! **SECRET** ET **SOLIDARITÉ**, QUOI !
LE FOOT DE RUE ?!

ÉCOUTE TAG, J'AI UNE PROPOSITION À TE FAIRE ! TU RÉUNIS UNE ÉQUIPE... UN GOAL ET QUATRE JOUEURS... ET ON REPREND, DANS UN **VRAI MATCH DE FOOT DE RUE**, CETTE FOIS !
TIENS, REPRENDS TON BALLON, TOI ! IL N'Y A PAS DE RACKETTEUR DANS LE FOOT DE RUE !
PAS VRAI, VOUS DEUX ?!
ALORS ? C'EST D'ACCORD ?
MOI DANS LES BUTS !
GABRIEL...
LES DEUX FRÈRES TEKNO...
ET MOI !
J'AI L'ÉQUIPE, REQUIN !
MARDI... CINQ HEURES... AU PORT... UN VRAI MATCH DE FOOT DE RUE, TAG !

LUNDI
LE FOOT DE RUE ? MAIS C'EST QUOI LE FOOT DE RUE ?
FRANCHEMENT, J'EN SAIS RIEN... "SECRET ET SOLIDARITÉ", ILS DISENT...
TOUT CE QU'ON SAIT, C'EST QUE C'EST DEMAIN À 5 HEURES ET QUE LES REQUINS DU PORT SAVENT TAPER DANS UN BALLON !
C'EST UN VRAI MATCH, ALORS IL FAUT UN VRAI BALLON !
REGARDEZ UN PEU CE QUE JE VOUS AI APPORTÉ, LES GARS !
'Y EN A MARRE DE TON BALLON, TONI !
ET, DE TOUTE FAÇON, ON JOUE AVEC CELUI-LÀ !
AVEC... "ÇA" ?
MAIS POURQUOI ?
PARCE QUE C'EST PAS LE BALLON QUI COMPTE !
NOUS, ON EST DÉJÀ UNE VRAIE ÉQUIPE, ET ELLE A FIÈRE ALLURE !
C'EST ÇA LE PLUS IMPORTANT !

cet été, bullez au Soleil
D'après la série Foot 2 Rue, librement adaptée d'un roman de Stefano Benni. Conçue par Giorgio Welter et Philippe Alessandri
Ecrite par Rosenzwaeig, Beretta et Charpiat. © Télé Images Kids et de Mas & Partners
Déjà 9 albums disponibles à 9,95 E chez ton libraire.

SAISON 2
FOOT 2 RUE
LES NOUVEAUX ÉPISODES DE LA SAISON 2 !
FOOTBALL, AMITIÉ, RESPECT, SOLIDARITÉ ...
Ton DVD contient : • les 10 premiers épisodes de la saison 2
• 2 vidéos musicales ENSEMBLE POUR LA VICTOIRE, LE PREMIER PAS
• 2 fiches personnages : Tag, Eloise
• Le tome 1 complet de la BD numérique
• Les premières planches BD numériques de la saison 2
PRÊTS À SE DÉFOULER, BALLE AUX PIEDS !
SAISON 2
FOOT 2 RUE
SAISON 2 - ÉPISODES 1 À 10
GENERATION FOOT 2 RUE
LE NOUVEL ALBUM FOOT 2 RUE
EN DVD ET VOD*
Télécharge les fonds d'écran et sonneries Foot 2 rue sur ton mobile en envoyant "FOOT" au 82900*
2 SMS par téléchargement. L'option Wap doit être activée. Toutes les compatibilités sur www.boutiquemobile.com
TOUJOURS DISPONIBLES
L'INTÉGRALE DE LA SAISON 1 ET LE FILM
www.foot2rue.net
En partenariat avec
LE JOURNAL DE MICKEY
soleil
france 3 éditions
* vidéo à la demande : retrouvez les programmes via téléchargement Internet et vidéo TV sur ADSL
© 2007 Télé Images Kids - De Mas & Partners. © 2008 Edition vidéo France Télévisions Distribution